中国著名校外美术教育机构精品课程巨献

艺术玩习

蕃茄田艺术(中国)美术精品课程

主　编：黄荣智
副主编：黄靖雯　尹　彤

一场视觉观览的旅行
一场观念重建的探索
一场创新思维的碰撞
一场技能学习的总汇
勇于创造
面向未来

西南师范大学出版社
XINAN SHIFAN DAXUE CHUBANSHE ｜ 国家一级出版社
全国百佳图书出版单位

图书在版编目（CIP）数据

艺术玩习：蕃茄田艺术（中国）美术精品课程 / 黄荣智主编. -- 重庆：西南师范大学出版社，2016.5（2017.1重印）

（中国著名校外美术教育机构精品课程丛书）

ISBN 978-7-5621-7963-4

Ⅰ.①艺… Ⅱ.①黄… Ⅲ.①美术课 – 教学研究 – 中小学 Ⅳ.① G633.955.2

中国版本图书馆CIP数据核字（2016）第096412号

中国著名校外美术教育机构精品课程丛书

中国美术家协会少儿美术艺术委员会 组编

总策划：侯　令

艺术玩习·蕃茄田艺术（中国）美术精品课程

YISHU WANXI

FANQIETIANYISHU（ZHONGGUO）

MEISHU JINGPIN KECHENG

主　　编：黄荣智

副 主 编：黄靖雯　尹　彤

责任编辑：王正端　韦宇红

整体设计：冯树功　王正端

书名题字：黄卓暄

出版发行：西南师范大学出版社

地　　址：重庆市北碚区天生路2号

网　　址：http://www.xscbs.com　　　网上书店：http://xnsfdxcbs.tmall.com

电　　话：（023）68860895　　　传　　真：（023）68208984

经　　销：新华书店

印　　刷：重庆新金雅迪艺术印刷有限公司

开　　本：889mm×1194mm　1/16

印　　张：3

字　　数：96千字

版　　次：2016年6月　第1版

印　　次：2017年1月　第3次印刷

书　　号：ISBN 978-7-5621-7963-4

定　　价：21.00元

经验，抑或课程？

尹少淳

　　课程是组织化的教学内容，一直被认为是学校课程的专利。为了使之更加丰富，且适应不同的学习对象，体现不同的价值，有人又将其分为学科课程和经验课程。

　　课程与经验究竟是何种关系呢？经验肯定是课程的前辈，没有经验大抵没有课程，但课程应该是比经验更加正式也更严谨的课程组织。将经验纳入课程的范畴，并与学科课程相区别，大概是既不舍其独特的价值，又承认其与学科课程的不同。

　　在大多数时代，美术教育并没有实现严格意义的课程组织化，也就是说内容的选择和组织处于一种自由的状态。1957年发生的一件事促进了学校美术课程组织化的改变和发展。

　　那一年正处在冷战的背景下，苏联发射了人类第一颗人造卫星，震动了美国朝野，并由此引发了美国的一场影响深远的课程改革运动。当时，著名的美国课程专家布鲁纳提出了"科目结构"的概念，意即学校的课程应该按照其所依托的学科原有的结构来建构。这一理念从根本上颠覆了杜威倡导的儿童中心的理念，学生身心发展的逻辑从课程建构中被清理出去。在这种情势下，美国美术教育界出现了一个名叫巴肯的代言人。他也沿着这一思路，努力建构美术课程，但他发现，无论如何，美术课程都不能像科学类学科，比如物理，那么"严谨"。尽管如此，他依然不愿意承认美术教学内容是松散的、随便的。经过努力思考和探索，他提出美术课程由美术创作、美术史和美术批评三大部分组成。这是著名的"DBAE"（以学科为基础的美术教育）的"前世"。另一个美国美术教育家格内尔在此基础上增加了"美学"之后，形成了巴肯课程的"今生"。

　　就学校美术教育而言，课程的构建、调整和完善是个永无止境的过程，相对于校外美术教育机构而言，业界还存在不同的认识。这种认识，不止在校外，其实在校内也曾经讨论过。20世纪60年代，美国也有人对学科定向不以为然，艺术教育运动的倡导者就坚持艺术不是一门学科，而是一种经验。因为学科有基本概念、原理、组织，而经验是生活的、鲜活的、个体的、零散的；学科可以教授，而经验只可体会，必须通过创作实践才能获得。

　　但我想说的是，在全部的学校课程中，美术课程一定比其他"学科课程"的结构要"松散"；在美术课程中，校外的课程一定比校内的课程结构要"松散"。然而这并不意味着，校外美术不需要课程，而只是一些随意的活动和经验。事实上，近些年在中国，由于受到校内课程改革的刺激和影响，积极地探索和建构课程已经成为校外美术教育的一种普遍现象，而且诞生了很多优秀的课程。校外美术教育机构参与建构课程至少有这么几个好处：其一，有助于教学内容的选择；其二，有助于使教学内容结构化；其三，有助于将课程内容与学生的身心特征和社会生活相联系；其四，有助于针对课程内容探索合适的教学方法；其五，有助于深入思考课程组织的上位理念和思想；其六，有助于让更多的从业者形成课程意识和建构课程的能力。

　　基于以上的"有助于"，我们鼓励更多的校外美术教育机构，关注美术本体，借鉴心理学和教育学的最新研究成果，钻研课程理论，结合自身的办学理念和特点，编写出具有鲜明个性和特色的少儿美术课程。以涓流入海的执着，丰富校外美术教育的课程体系，进而促进中国校外美术教育的整体发展，为中华民族素质的提高竭尽绵薄之力。为此，中国美术家协会少儿美术艺术委员会在西南师范大学出版社的襄助下，组织编写并出版了这套校外美术教育机构的美术课程。除了展示各自的教学理念和课程特色之外，也期待通过他们的引领，让更多的机构关注少儿美术教育的课程问题，并通过建构和完善课程，获得更大的教学效益。

　　当然，我依然不主张校外美术教育机构的课程建构像校内课程那么"严谨"，而是鼓励不同校外美术教育机构保持自己的开放性、灵活性、鲜活性和张力，否则校外美术教育机构天赋的优势将丧失殆尽。倘若此，又何苦呢？

INTRODUCTION

蕃茄田艺术（中国）·简介

蕃茄田艺术（中国），专业从事2～15岁创新儿童艺术教育。分布于中国85座城市的200多家教学中心，服务于全国5万家庭。总部位于上海，隶属于精中教育集团。

蕃茄田艺术（中国）致力于中国创新儿童艺术教育，坚持学术持续探索与研究，坚持儿童艺术理念的普及与推广，坚持国际间的交流与合作，坚持将中国民族艺术文化向世界推广，坚持以儿童为主体，用爱与专业助人成长。蕃茄田艺术（中国）的梦想是"创意中国梦"，期待为推动中国儿童艺术教育的发展贡献绵薄力量。

蕃茄田艺术（中国）——看见创意中国的未来
艺术是一种态度

艺术不仅是一种表现、一个画面，还是一种工具、一种态度、一种全方位人格素养培育的途径。

蕃茄田艺术相信孩子天生就有无限的创造力和不被局限的想象力，更有比成人更敏锐的感受力和体会力。我们深信孩子生来就是一份宝藏，所以我们透过艺术教育，让孩子在艺术中玩习，在艺术创作中发掘自己的能力，肯定自己的价值，建立自信，找到属于自己的快乐，成为一个更好的人。

艺术，看不见的力量，看得见的未来

蕃茄田艺术会不断尝试、不断学习、不断成长，持续在儿童艺术教育领域深耕。蕃茄田艺术关心的不只是艺术，而是在带领孩子进行艺术创作的过程中，让孩子一步步地自我成长，发现自己的无限潜能。我们相信，因为我们的耕耘，能透过艺术这股看不见的力量，为中国的孩子画出看得见的创意中国的未来。

CONTENTS

·目录

第一课
锵~锵~锵~隆重登场!

蕃茄田艺术（中国）

一、教学目标

1. 知识与技能

了解中国传统的民间戏剧表演方式，引导孩子学习用超轻土捏塑人物的基本方法，实际操作布袋戏，锻炼孩子语言组织和表达能力。

2. 过程和方法

表演布袋戏——认识布袋戏——孩子谈感想——学习用超轻土捏塑人物——学习操作——表演——评价。教师讲授、示范与学生合作探究。

3. 情感、态度、价值观

培养孩子热爱中国传统民间戏剧的情感，增强小组合作与探究的能力。

二、教学重点、难点

（1）结合多媒材、布和超轻土创作，体验不同媒材的特性。

（2）运用超轻土制作人物的脸部表情，并加入春天元素的装饰服装。

三、教具准备

（1）自制戏台与布袋戏偶。

（2）布袋，每位孩子一个。

（3）超轻土、轻土工具、白胶、胶枪。

四、教学步骤

1. 导入

（1）教师演绎布袋戏《巨人和春天》。

（2）让孩子观察戏台，以及故事中人物角色的特征。

2. 内容赏析

（1）展示相关内容，引导孩子认识布袋戏和它的由来。

（2）讲述传统布袋戏的制作方法和材料。

（3）讲解戏偶要怎么操作，要在哪里表演。

（4）让孩子讲述自己看过的戏偶表演，分享生活经验，并尝试运用戏偶表演。

（5）通过"春神"的角色，引导孩子想象春天的事物和色彩，设想他们自己的春神戏偶是什么造型。不同的设想引发孩子作品的独特性和故事性。

3. 技术探究与示范

（1）学习运用超轻土捏塑制作出头、手与脚的基本造型。注意角色人物的五官表情变化，突出人物性格和故事性。

（2）运用超轻土搓出细土条，进行头发的制作，用工具压出头发的纹路。

（3）在布袋的中间穿过一节吸管，把头和吸管部分连接起来；用白胶把手和脚分别固定在布袋的左右两侧和下方。

（4）将超轻土搓圆再压扁，搓条排列，形成衣服上的春天装饰。

（5）学习如何操作戏偶。

（6）利用工具完善细节或添加装饰。

4. 作业要求与辅导

（1）确定创作人物的性别、表情、背后的故事、春天事物的联想，确定创作思路后开始动手制作。学生可勾画设计草稿。

（2）在创作过程中，教师要与孩子们保持创作上的沟通、交流，针对每位孩子的想法进行重点引导及主题延伸。

（3）提示孩子粘牢作品的各个部位。

第一课

ART|艺术玩习 锵~锵~锵~隆重登场！
番茄田艺术（中国）

5. 学生作业实践及评价

罗嘉妮　4岁

作品表现的是一个戴着蝴蝶结，穿着漂亮裙子的小姑娘。她有很漂亮的长眉毛，脖子上还戴着宝石项链，小作者把自己的形象延伸到作品中，使创作更有乐趣。在春天元素上，小作者采用女孩喜欢的花朵来表现，细节处整理得也很好。

廖可　4岁

小作者在人物表情上做得非常细致，头发和蝴蝶结的造型也十分抢眼。她说："我的布偶是一个梳着两根辫子的女孩，春天里的许多花开了，小蜜蜂忙着采花蜜。"小作者表达的内容非常完整，对于工具的掌握也较为熟练。

宁成博　4岁

小作者的作品是一个非常厉害的神仙，他一挥手，春天里的很多小花都开了，还可以把冬天的寒冷都带走。他说："布的造型就像神仙身上的袍子，袍子上有龙的装饰物。"作品整体非常协调，表情部分也非常可爱。在龙鳞片部分，小作者采用了亮片进行点缀，使作品更加生动细致。

方隽文　4岁

　　这是一个漂亮的小公主，头上戴着蓝色的皇冠，笑嘻嘻地露出了自己的小牙齿。小作者说春天有时候会下毛毛雨，她非常喜欢下雨天，于是她搓了许多小圆球，压扁后装饰到衣服上，这些小圆点就好像雨滴一样。小作者是个十分细心的女孩，在人物表情和四肢的处理上也有自己独特的想法，并利用工具达到了非常生动的效果。

范亦宸　4岁

　　小小范做了一个像自己一样帅气的小男孩，这样他就可以出演布袋戏了。自己混合的头发颜色，留下的纹理产生发丝的视觉效果。小作者在自己探索超轻土时发现两种颜色混合可以使土变色，于是开始试验，偶然产生的发丝效果也让作品显得更生动。小作者在操作多种媒材的过程中也十分投入。

五、教学小结

　　（1）绘本故事的演绎比较切合孩子的兴趣，真实戏台的场景布置也让孩子很兴奋。孩子在分享经验的过程中有很多想法。

　　（2）孩子想象春神角色的个性与造型特征，并探索布袋戏偶的基本造型与实际操作的方式，设计并动手制作布袋戏偶，亲自演出属于自己的布袋戏。

　　（3）制作过程中，孩子在连接布袋戏偶头部与身体时，由于轻土未干导致布袋戏偶的头部容易变形，所以老师在给低年龄段孩子上课前需要提前做足准备，不然在课堂中会手忙脚乱，引导过程中更是需要老师观察每一位孩子的能力发展并提供适当的协助。

◆ **本书特邀点评专家：龙念南**
中国美术家协会少儿美术艺术委员会常务副主任、秘书长

专家点评 》》

　　和本课的题目一致，一个孩子艺术创作的"登场"需要技能和技巧，更需要情感投入。从技能和技巧的运用角度看，本课的教学目标，从材料特色到年龄特点都表达得很明确。但从孩子的创作结果，特别是作品的评价内容就可以看出，教师更重视的是孩子创作中如何将自己的真实感受传递出来。为了引导孩子的情感表达，本课没有拘泥于材料本身的运用，而是结合适合主题内容又适合本年龄段孩子使用的多样材料，充分利用工具材料减轻技能技巧带来的障碍，让孩子更多地将注意力投放到创作过程本身。这正应和了幼儿阶段教育一定要寓教于乐和多元综合、重在感受的理念。

第二课
世界上最长的城墙

蕃茄田艺术（中国）

一、教学目标

1. 知识与技能

通过陶土媒材的使用，使孩子学习掌握立体建筑的构成。激发孩子对城墙建筑功能的想象及构思，培养孩子的建筑审美力。

2. 过程和方法

长城赏析——示范方形体的制作、刻画等——分组讨论、制作——各组作品连接——评价。以小组合作、探究为主，教师讲授、示范。

3. 情感、态度、价值观

培养孩子分工合作以及社会性的发展，增强其民族自豪感。

二、教学重点、难点

（1）练习立体方形的制作、堆叠及排列。

（2）掌握创作巨型的立体建筑的方法及培养团队合作的能力。

三、教具准备

(1) 陶土。

(2) 制陶工具、泥浆。

(3) 大块KT板。

(4) 数码相机——记录孩子的课堂活动及创作过程。

四、教学步骤

1. 导入

(1) 小朋友们谁去过长城呢？说一说长城长什么样，为什么修建得那么长呢？（完整的军事防御工程系统，用来抵抗来自北方部族的侵略。）

(2) 修建长城花费了很多时间和大量的人力，秦始皇统一六国时，将长城连接起来，成为现在我们所见模样的雏形。

2. 内容赏析

（1）探索长城的烽火台、关口、地形地势。

（2）烽火台：长城最早开始修筑时是先建一小段，然后在高山险处建造"烽火台"，接着用城墙连接起来，便形成了最早的长城。

（3）关口：长城里很重要的地方，是长城沿线的重要"城镇"，它是农夫和牧民买卖彼此货物的集散基地哦！所以除了修建长城的工人、守卫长城的军人外，还有很多人聚集在这里一起生活。

（4）地形地势：观察地形地势。认识了解长城依据地势建造了哪些建筑物，如烽火台建在山顶，关口建在两山的谷底等。

（5）长城建筑是由几个元素组合起来的呢？（有烽火台、关口、城墙）你们看看把它们连起来像什么？（龙、蛇、火车……）

（6）这么长的长城，需要很多人齐心协力才能完成，所以我们今天一起制作一段长城墙，每个人都有自己的任务，最后我们看哪一组的长城做得又长又坚固。

3. 技术探究与示范

（1）主要创作方法：方形体的制作、纹路的刻画。

（2）群山：请大家一起把回收的报纸揉成大大小小的团状，揉好后我们再拍陶板把纸团盖住。时间控制在7～8分钟，没有覆盖完整也没关系。

（3）城墙（集体）：老师在桌面上示范如何将陶土块拍成方形体，练习方形体的制作、堆叠及排列。

（4）烽火台组：先制作立方体，再运用叠高的方式筑烽火台，然后用一些小方块来做城墙上的垛口，同时可用制陶工具刻画城墙格纹。

（5）长城关口组：运用泥条盘筑法围出立方体凹形空间，或者用陶板围出城墙，再用工具刻画细节。

（6）丰富设备：城墙上的守卫人员、防卫的设备，如大炮、投石机和大盾牌……（概括造型即可）

4. 作业要求与辅导

（1）创作前的心理预设：一定要让孩子了解创作形式及注意事项，有助于孩子提前了解及规划。

（2）老师依据人数将学生分为2～3组，每组最多4人。小组讨论城墙内的空间功能，如市场、运动场、房子群落等。

（3）老师要查看每一位孩子是否都有分配到工作，适当地协助孩子去参与团队及创作。

（4）提醒孩子注意把立方体做大些，以便连接、排列为一个长条。

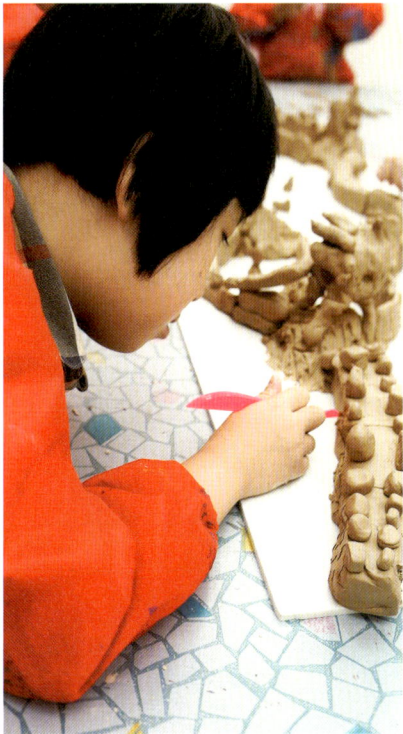

5. 学生作业实践及评价

黄菲5岁/张静6岁/杨雪君6岁/王淑玲6岁

这组孩子很特别，他们赋予了长城许多新的功能，它能穿越时空到恐龙时代，不打仗的时候它是度假村。最特别的是他们有一段长城建造在水里，周围有芦苇丛包围起保护作用。这组的分工合作非常好，有一位孩子负责总指挥，因此团队的配合度和表现度都很完整。

曹晓寒6岁/周甜6岁/陈蕾5岁/陈睿6岁

这组孩子的长城形状很特别，不是连在一起的长条，而是围成了一个城市。孩子们说："城墙上的围栏像是荆棘或恐龙的牙齿，能更好地保护城墙里的士兵。"在工具使用上他们也有自己独特的想法。其他组是用捏塑方形体拼组的方式，而这组是在一块大陶土上用工具挖出了道路，使用减法处理立体雕塑，这个表现方式并不容易，但看得出他们处理得很好。

张露5岁/曹雯诗5岁/高倩5岁/刘莉莉5岁

这组孩子的年龄相对小一些，但他们在工具的使用上还是掌握得很好。他们比较真实地还原了长城的烽火台、关口、城墙，加设了大炮和士兵，展现了打仗时的场景。运用不同的泥塑和工具展现了土堆和城墙砖块的质感。作品非常完整，在故事性上也有较多的体现。

五、教学小结

　　今天的课程通过图像认识及欣赏长城，培养孩子对雄伟建筑的审美。特别是运用"集体创作"的方式，给孩子提供了不一样的思考方式与创作形式。在整个创作过程中孩子们不仅挑战制作了大型作品，而且内容形式也因孩子们的思考，激荡出更不一样的火花，创作呈现了丰富的想法及故事性。

专家点评》

　　幼儿的艺术活动不是专业艺术活动，而应该是利用艺术活动的特点让孩子们感受生活、体验创作的快乐。从这个角度看本课程，我特别赞赏老师们让孩子在创作前不仅仅学习制作"长城"的具体方法，更鼓励孩子们"讨论城墙内的空间功能……"，因为对于5岁左右的幼儿来说，"城墙"做起来并不难，但是也不可能做得"真实"。那做什么呢？应该是借用做"城墙"进行情感体验和表达体验，也就是借助美术的表现形式和技能技巧让孩子体会生活真实的事儿。孤零零的一堵墙和孩子们为了保护自己的"利益"而"造"的墙，哪一堵更符合孩子们内心的情感？哪一堵可以让孩子们更投入其中？不言而喻！

第三课
昆虫狂想曲

蕃茄田艺术（中国）

巴特罗公寓［西班牙］高迪（1852～1926年）

一、教学目标

1. 知识与技能

认识"新艺术运动"并欣赏其风格特色，观察昆虫特征和基本结构，将其特点运用在服装设计上，了解服装制作的过程，通过T台走秀训练孩子的肢体语言表达能力。

2. 过程和方法

欣赏老师设计的服装——介绍"新艺术运动"及艺术特色——提出设计任务——教师示范——学生创作——拼组作品——评价。自主探究，小组合作与讲授、示范相结合。

3. 情感、态度、价值观

热爱自然，增强小组合作意识，提高审美品位。

二、教学重点、难点

（1）引导孩子突破常规尺寸，运用海绵纸制作一比一的服装，培养创作作品的细致度。

（2）运用剪刀等工具裁剪与拼贴，训练孩子的动手能力。掌握造型比例，记住昆虫特点后进行服装制作。

（3）通过昆虫进行图案联想，运用重复、排列的植物花卉形式或几何图形学习装饰性的描绘。

（4）通过丙烯的描绘来点缀表现其装饰性纹样和"新艺术风格"的有机曲线。

（5）两步曲课程，80分钟一课时，共160分钟。

三、教具准备

（1）海绵纸制作的一套衣服。

（2）卷线笔、海绵纸、剪刀、海绵胶。

（3）丙烯。

（4）圭笔、颜料盘。

（5）亮片、蕾丝、纽扣等。

四、第一课时 教学步骤

1. 导入

（1）小朋友们看看老师穿的服装，猜猜今天的主题是什么？

（2）谁来说说服装上昆虫的特征？（色彩、服装造型……）

2. 内容赏析

（1）老师的服装设计创意来自"新艺术运动"，什么是"新艺术运动"呢？

（2）老师讲述"新艺术运动"名称的由来。欣赏其设计风格。

（3）你们看到了哪些图案呢？（植物和昆虫是常出现的）

（4）图案是多还是少呢？如何排列的？（图案很多，重复的图案排列在一起）

（5）线条是什么样子的？（弯曲的、扭动的，不像是尺子画出来的直线）

那么今天我们要来设计一件"新艺术风格"的衣服，昆虫是我们今天的设计主题。

月桂树　彩色石版画［捷克斯洛伐克］阿尔丰斯·慕夏

3. 技术探究与示范

（1）选择衣服的版型和与昆虫相关的色彩，进行昆虫服装设计。

（2）依据昆虫的颜色或自己喜欢的色彩选择2～3张海绵纸，用卷线笔简单地在海绵纸上画出轮廓后再剪出造型。

（3）服装外部装饰的部分做好后，老师个别引导设计服装的纹样，运用海绵纸剪贴制作图案。用白乳胶组合，待下一节彩绘课结束后再与服装组合粘贴。

（4）将剪好的昆虫造型与老师提供的上衣进行拼组。

4. 作业要求与辅导

（1）改变昆虫的造型颜色和外型特征后再设计衣服。

（2）针对每位学员的想法进行重点引导及主题延伸。

5. 学生作业实践及评价

Evan　5岁

　　Evan是个非常活泼开朗的女孩。她选择了女孩最爱的蝴蝶，在蝴蝶造型上，运用对称的剪裁，在蝴蝶翅膀边缘画了许多弯曲的线条，让蝴蝶更生动别致。衣服的蓝色和蝴蝶的黄色形成强烈的冷暖对比，使作品看起来非常亮眼。

贾梓忆　5岁

　　小作者说自己最喜欢蝴蝶，希望自己也能像它一样拥有美丽的翅膀，于是她的昆虫衣服就是蝴蝶的样子。她非常喜欢绿色，所以蝴蝶的翅膀和衣服的底色都选择了绿色，相近色的搭配看上去非常协调。大小及色彩相同的心形通过叠加形成错落的层次感，这是她欣赏"新艺术风格"作品后产生的灵感。

宋奕婷　5岁

　　小作者选择的昆虫是勤劳的小蜜蜂，她说小蜜蜂采的花蜜甜甜的，她非常喜欢。她选黄色作为底色，将黑色的纸撕成条状粘在下方，形成不规则的线条，使作品看起来很自然，也比较贴近新艺术的风格特点。蜜蜂的翅膀选的是白色，尺寸比衣服还大，突破了衣服外框的束缚，使作品看起来更生动。

6. 教学小结

此次两部曲课程孩子要完成的大型作品，主要目的是突破常规尺寸培养孩子创作作品的细致度与掌握造型比例。课程引导孩子一同探索"新艺术运动"，挖掘艺术风格的灵感元素，欣赏新艺术如何将大自然的有机元素融入创作的方方面面。并且尝试以昆虫为创作灵感，启发孩子想象将昆虫的造型特色，夸张化地运用在服装造型上。通过与身材等比的服装设计，制作属于自己的新艺术服饰。

第二课时　教学步骤

1．导入

今天我们要来完成上周昆虫衣服的图案设计，先来分享自己的衣服表现的是哪一种昆虫的特征，你是怎么应用这些特征的吧。

2．内容赏析

（1）通过昆虫特征联想服装内部的图案。想想在衣服上还可以添加什么图案来表现昆虫的独特性。

（2）教师以班上孩子上周制作的主题来引导发散，一起针对主题进行讨论，例如：说到蜜蜂你们想到了什么呢？（花草、黄色和黑色线条）用什么样的线条能把这些图案表现出来呢？

（3）展示"新艺术风格"图案的相关内容。（有机形的自由线条，重复、排列的装饰性图案）

（4）新艺术的线条很自由，为什么用自由来形容呢？（不像用直尺或工具画出来的那么整齐，线条弯弯曲曲、上下左右跑来跑去）

（5）对于画面图案你们看后有什么感觉？（很丰富，很多重复的图案，线条很多）

生命之树 [奥地利] 古斯塔夫 · 克里姆特（1862~1918年）

3. 技术探究与示范

（1）老师以身上的服装进行说明，课前预先剪好不同形状的几何形，让孩子组合拼贴。

（2）服装彩绘：运用丙烯、圭笔在服装上彩绘有机形的线条图案。画完后请老师协助用吹风机吹干。接着请孩子在上周已做好的服装所延伸出来的造型上进行彩绘，例如翅膀、叶子等。

（3）用彩色海绵纸剪贴制作服装上的图案，也可让孩子到探索桌上运用裁好的几何形拼贴制作，或直接用丙烯进行彩绘。

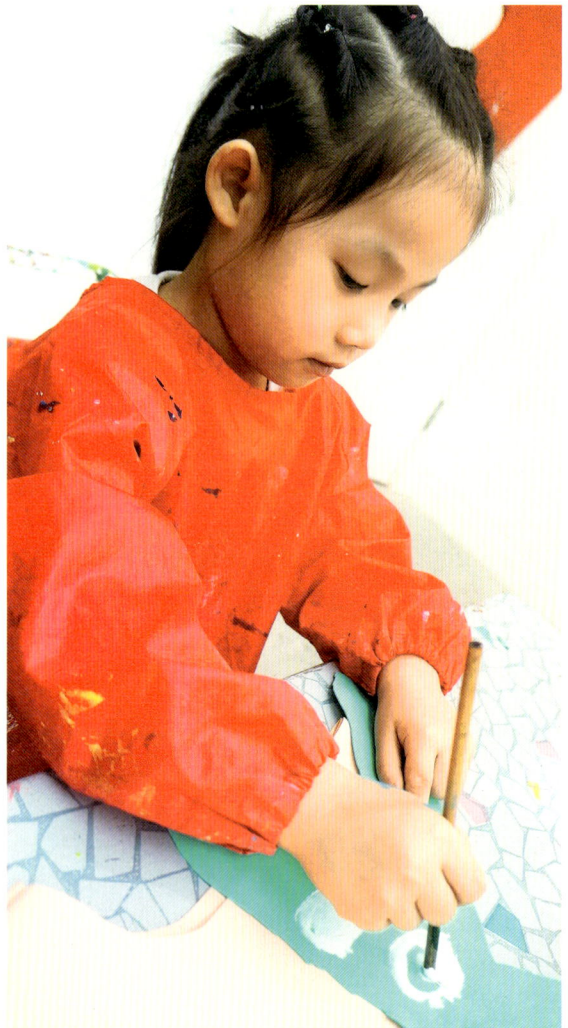

4. 作业要求与辅导

（1）针对每位学生的想法进行重点引导及主题延伸。

（2）你们设计的昆虫衣服让你们想到了什么图案？是植物还是几何形状的组合，或是弯弯曲曲的线条排列呢？

（3）看到昆虫身上的图纹或植物花朵，除了联想到衣服上的图案之外，你还想到了什么？

（4）注意衣服的正面与背面都要绘制，画好后请老师帮助吹干。

5. 学生作业实践及评价

Evan 5岁

    Evan通过第二节课进一步地了解了"新艺术风格"后，又有了新的联想。她把原先贴好的心形又重新填色，黄色和紫色心形的叠加，对比色的运用让作品的色彩更饱满。她说："我的蝴蝶不在白天飞，她会在晚上出来，是专门给晚上开花的花朵传授花粉的。"因为晚上有许多星星，她把星星的重复图案绘制到了蝴蝶的翅膀上。独特的想象力为她的作品增添了故事性。

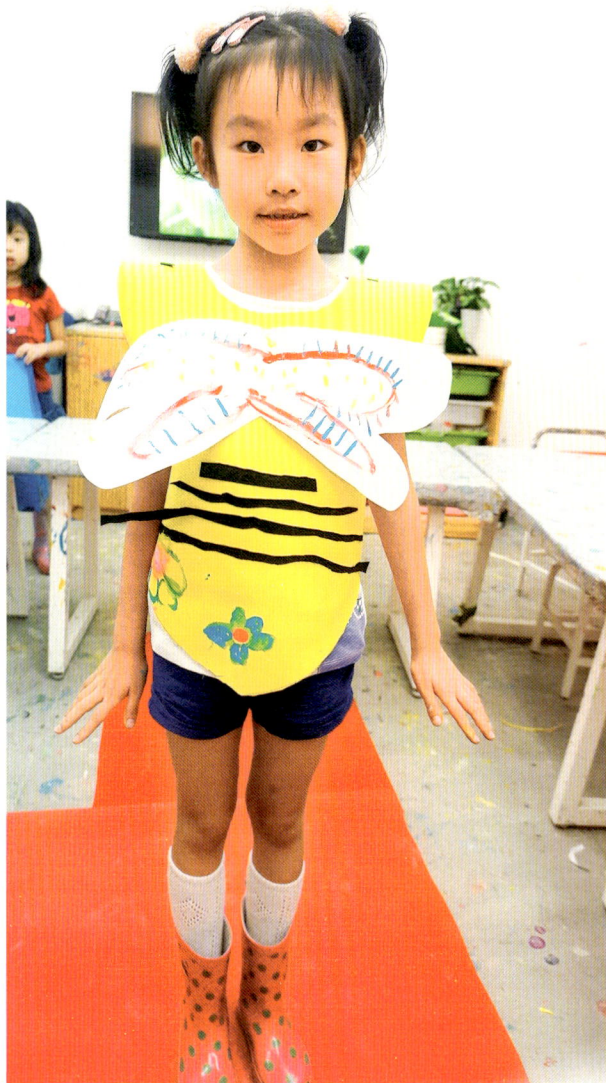

宋奕婷 5岁

    婷婷在这节课了解了更多新艺术的表现形式，因此在线条运用上，延续了上节课不规则的线条，给蜜蜂的翅膀上添了短线条花纹，红蓝颜色的搭配也很成功。有蜜蜂的地方当然要有小花了，于是她在衣服的下方绘上了花朵，作品非常完整。婷婷在走秀的过程中像个小模特。通过展示的舞台，孩子的作品以新的方式呈现出来。

贾梓忆　5岁

　　在上节课的基础上，小作者进一步展开想象，为自己的蝴蝶衣添加了许多花纹。这些花纹有条理地重复排列着，用了不同的颜色来描绘，作品更精致美观了。小作者穿上衣服后，特别自豪，走起秀来有模有样。妈妈说是因为作品给了她很大的成就感，因此在走秀中她更愿意展现自己了。两部曲的课程给了孩子进一步完善作品的空间。

瞿立綮　6岁

　　綮綮这节课思考了很久，决定做一件和别人都不一样的天牛服。可綮綮的天牛十分抽象，找不到眼睛也找不到脚，他说这是新艺术的图形概括变化后的天牛。接着他把天牛的脚加在了衣服肩膀位置作为装饰，再以绿色叶子点缀。设计、配色、剪裁、拼贴都是孩子自己完成的，对于新艺术的认识，从曲线到昆虫，再到大自然，綮綮把这些都记在心里，并把有机的昆虫元素与新艺术结合表现在昆虫服上。材料和工具的使用也十分到位。

6. 教学小结

　　今天我们完成了服装设计的两部曲。通过昆虫的主题进行植物花卉或几何形的图案联想，运用重复、排列的形式进行装饰性的描绘。运用丙烯描绘装饰性纹样和新艺术风格的有机曲线。创作中由于孩子对于新颖的复合媒材的运用以及进行等比尺寸创作都有一定困难，只能大概掌握服装的基本形体。装饰性的细节描绘及拼贴方面还需要加强。由于第二节课需要在衣服（海绵纸上）使用丙烯颜料描绘有机形的相关图案，但因衣服正反面的关系，课中要先将一面吹干，才能画反面，所以对创作时间的掌控需加强与提醒。指导过程中亦需根据课堂时间与孩子的能力弹性地调整一些绘画工具，协助孩子更好地完善自己创作的新艺术衣服。

近年来一些学校开始开设服装设计这一儿童美术课程，因为它能激发孩子的创造力和动手能力，深受学生的欢迎。本课的设计不是就服装论服装，而是结合了西方近代美术史上的"新艺术运动"图案装饰手法进行设计，效果很好。

课程没有强调服装设计的专业性，而是以昆虫和植物引导孩子们的想象力：蝴蝶的对称形，对孩子们设计服装会有启示。植物的线条和色彩让孩子们产生联想。而"新艺术运动"给孩子们打开了一扇天窗，不仅让他们听到了一个新名词，更重要的是让他们学习了"新艺术运动"是怎样进行图案创作的，把它们的手法用在服装设计上会产生哪些创意。这样用美术史的经典开启孩子们的思路是值得提倡的。我特别注意到立紊同学的设计，他解构了昆虫的元素，在服装上画出了抽象的造型，说明他真的懂得了教师的意图！

第四课

建筑的洞

蕃茄田艺术（中国）

一、教学目标

1. 知识与技能

了解建筑洞的意义与实作内容，加强孩子对量块体的空间直觉。

2. 过程和方法

欣赏不同建筑的特色及材料——分组——快搭快拆的游戏——排列堆栈建筑形体——示范简易结构——创作——评价。

3. 情感、态度、价值观

培养孩子多元艺术的观念，老师引入多领域的艺术创作面向及观点。

二、教学重点、难点

透过排列与堆栈建构建筑的形体，加强孩子的量块体的空间直觉。

三、教具准备

（1）松木条、各种颜色的绝缘胶带。

（2）全开灰卡纸、A4纸、剪刀、小铁锯、美工刀、热熔枪、玻璃纸、油画棒等。

（3）数码相机——记录孩子的课堂活动及创作过程。

四、教学步骤

1. 导入

（1）想一想如果你的家在北极，你会用什么材料盖房子？（例如:盖成什么形状？考虑哪些因素？）

（2）全世界有各式各样的建筑，依据不同的建造方式和不同的材料，建构出不同的样子。

（3）展示相关材料，观察不同建筑的特色。

2. 内容赏析

棍棒游戏：

（1）学生借由游戏的方式了解棍棒并学习平衡、重心等物理知识。

（2）教师将小朋友分为两人一组，通过身体的各种不同部位，例如，头对头、手对手、肩膀对肩膀等夹住棍棒来玩味媒材的特性，从中认识平衡及重心。

快搭快拆游戏：

（1）由教师提出游戏的条件，通过相关图片的观察，例如，印度安人的帐篷可用三根棍棒建构出来等，让孩子思考并了解结构的建立方法。

（2）孩子通过快搭快拆的游戏，熟悉媒材特性。

3. 技术探究与示范

（1）透过排列与堆栈建构出建筑的形体，加强孩子的量块体的空间直觉。引入多领域的艺术创作面向及观点。

（2）教师示范如何通过松木条制作简易的结构，再让孩子进行实际操作。

4. 作业要求与辅导

（1）建造洞洞小屋：以木条建构房子的支架，进行搭接。透过灰卡纸建造房子的外围。由老师使用热熔枪、热熔胶条与锯子，确保安全。

（2）彩绘洞洞小屋：透过点、线、面与不同的几何形状，创作出装饰性的彩绘图案。

5. 学生作业实践及评价

张佳桐8岁/赵奕铭7岁/蔡欣云8岁/张岳瀚7岁/张珏9岁

　　孩子们有的是第一次尝试大型的集创作品，因此从游戏开始就很兴奋。使用的媒材是平时较少接触的大木条，因此在操作上不是非常熟练，但经过试验后很快能够掌握捆绑以及建构的诀窍。穿梭在自己制作的大房子里，孩子们觉得自己就像建筑师一样自豪。

　　在整个过程中让孩子们明白彼此间的协作是完成作品的关键。在灰卡纸上绘制彩绘图案时，孩子们发挥了各自的想象，奇特的造型非常具有故事性。

五、教学小结

　　课程透过木条的线性排列与堆栈建构出建筑的虚实形体，加强孩子对空间的直觉感受，使孩子了解建筑中"洞"的意义与实作内容，将自身的肢体放置在空间中体验现场的创作，感受建构大空间、大型作品的创作乐趣。

专家点评》》

　　建筑是人类进步的一大标志，和谐共处更是人类文明的基石。本课利用简单的游戏，为孩子们构造了一个并不简单的感受体验和创造游戏。从课题呈现来看，本课涉及了原理认知和团队合作，很好地将游戏和其背后的文化内涵进行了融合体现，让孩子更好地理解建筑。

　　为了实现教学目标，本课采用了学生观察不同建筑（图片）、游戏、快搭快拆、教师示范、小组合作等多种方式，甚至教师也要参与到学习活动中，和孩子们一道搭建。教师的介入，只要不属干预型，而是参与型，就一定会有利于孩子的学习。通过搭建的活动，孩子们增强了合作的意识，也认识了建筑背后的文化和结构，提高了动手能力。如果前期的铺垫准备能再充分一些效果会更好。

一、教学目标

1. 知识与技能

认识三间色，探索三原色的混色变化。从康定斯基《多个圆》的作品中，认识圆形的组合变化。

2. 过程和方法

分组游戏——欣赏康定斯基作品——分析圆形色彩——学生谈对圆形的感受——教师示范——用圆形创作——评价。老师讲授、示范与学生合作、探究相结合。

3. 情感、态度、价值观

通过合作游戏增进彼此的认识和情感。

二、教学重点、难点

（1）在集体创作游戏里，发挥想象进行各种圆的组合探索。

（2）认识三原色与三间色。

（3）掌握水彩特性，进行三原色混色创作。

（4）圆形的组合变化。

三、教具准备

（1）三色粉笔（红、黄、蓝）、3～4包盐、4K白纸、透明塑料盒、有盖小玻璃罐。

（2）固体胶、各色彩纸制成的大小圆形、各色不同大小圆形贴纸。

（3）水彩纸、水彩用具。

四、教学步骤

1. 导入

（1）色彩游戏：混搭好"盐"色。将孩子分为3人一组。说明三原色的混色游戏方式：将盐倒在回收纸上，用一种颜色的粉笔在盐上进行摩擦，让粉笔的颜色染在盐上，使盐变色。三组孩子，分别制造出三原色的盐沙，分别装入透明塑料盒。

（2）请孩子一次将两色盐沙相混合，观察色彩产生了什么变化。注意规定孩子一次只能混合两种颜色，并尝试不同的色彩比例变化。

（3）老师说明两色相混产生的颜色就叫间色。

2. 内容赏析

（1）欣赏艺术家康定斯基作品《多个圆》，探索圆形的构成组合与变化。

（2）康定斯基是第一个把音乐加入绘画中的艺术家，他希望别人看他的作品时可以感受到音乐。他画画喜欢用形状、线条和颜色来表现，他觉得每种形状都是有个性的。例如三角形，有一种尖锐的感觉等。

（3）我们看看这幅作品，艺术家画了好多圆，看看这些圆有哪些不同？哪些圆是三原色？哪些又是三间色？整幅作品给你什么感受？

（4）康定斯基觉得圆形是最让他心跳的形状，因为他觉得圆最不会"说大话"，可是也不喜欢别人管它。圆可以做好多的组合变化：圆可以很安静，又可以很有活力地"跑来跑去"。你们觉得圆给了你们一种什么感受呢？

（5）造型创作游戏：圆舞曲。请孩子用圆形纸片与圆点贴纸在书面纸上进行圆的组合变化。

老师给予孩子一些游戏指令，考验他们的想象组合能力，如让圆叠起来、排队、变安静、跳起来等。

多个圆 [俄罗斯] 康定斯基（1866～1944年）

3. 技术探究与示范

（1）说明水彩的特性与使用方式，不同粗细笔的使用方式。

（2）用三原色墨水（或三原色水粉）调出三原色泡泡水。分别装入有耳塑料杯，每个杯子一种颜色。

（3）制作吹泡泡工具：用铁丝（或铝线）绕成圆环并做一个把手，把手处可缠上胶带避免刮手。

（4）请孩子运用三原色水彩颜料在纸上创作各种圆的组合。可先用三原色在水彩纸上画出不同大小，或排列或重叠的圆形。

（5）提醒孩子更换颜色时要将笔洗干净，用纸巾将笔上多余水分吸掉，保持画面干净。

（6）可在大圆中画小圆，小圆外包一圈圆形线条。进阶用三原色调制三间色，进行圆形组合构成。

（7）用水彩画好圆的组合后，换用三原色泡泡水往纸上吹出各种大小的泡泡。泡泡破掉后纸上会出现圆环印记，画面产生随机的美感，与先前计划的美感相结合。三原色泡泡水可交替使用，图案重叠过程会产生混色变化。

4. 作业要求与辅导

（1）缺乏信心的孩子可先由小圆开始，多做几个练习，上手后鼓励画更大的圆。

（2）提醒孩子使用泡泡水时注意安全。

5. 学生作业实践及评价

陆宇航　7岁

　　小作者首先绘制了排列整齐、大小较规则的圆形，可以看出作者的秩序感非常强。之后运用泡泡水吹出泡泡并落在纸面上，不规则的圆形好似在画中游走。一静一动体现了别样的画面风格，他说吹出的泡泡好像小鱼在画上游来游去。

王彦筠　7岁

　　小作者在欣赏了康定斯基的作品后发现，同样的形状因为颜色、大小、位置的不同会产生不同的效果，觉得非常有趣。小作者是一个性格温暖的女生，开始用笔绘制圆形时采用暖色的搭配，黄色、红色、橘红色，大小错落地分布在画面中，十分协调。使用泡泡水时，采用的是蓝色，使画面具有层次感。

黄欣悦　7岁

　　小作者说画的圆形像宇宙中的星球一样，最大的蓝色是地球，用泡泡水吹出的小圆，有的连在一起，有的吹散变成了小点点，就好像太空中的小星星。作者独特的想象力，使画面更具有神秘的气息，圆形被赋予想象的空间后，形成了具有意境的画面。三原色偶然混合，形成的三间色也使画面更丰富。

廖可　7岁

　　小作者在欣赏康定斯基的作品时发现，一样的圆形却体现了不同的情绪。她在绘制圆形时运用了相近色和对比色的概念，有些变形的圆形，显得很特别。她说她吹泡泡时泡泡总是破掉，没有像别人的一样留下很多圆形的印记，但是破掉的泡泡好像许多小刺猬一样在画面中跳跃，有的像是长了弹簧脚一样。

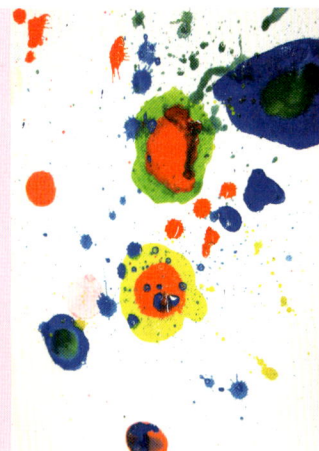

五、教学小结

缤纷色彩里的"三原色"是哪三种呢？三种颜色能变化出多少种不一样的色彩呢？本课程透过色彩与造型的游戏引导贯穿课程核心，带着孩子运用科学探索的精神与方式操作三原色的混色实验，再深入探索认识三间色的产生过程。在合作游戏中挖掘色彩层次的变化，增加对水性颜料特质的认识与了解。

专家点评 》

和题目相符，本课从内容到表现形式与工具材料都确实充满了乐趣。从教师给孩子的点评中可以看出，教师是认真听取并记录了孩子们的情感表达，而且并没有以课程设计的某些"规范"束缚孩子的表现。"美术"作为一个具有学科背景的课程，必须要运用合适的基本知识和基本技能，否则就没有存在的必要。但是，基本知识和基本技能绝对不能成为课程的主体，否则就演变成专业、职业培训了！作为儿童素质教育和人文教育，"美术"不可少，而"双基"应该是"素质"和"人文"的支撑物而非本体。从这一点上看，本课的教学设计较好地体现了学科对人文的支持！